Impressum
Verlag: BABADADA GmbH, Nedderfeld 112 , 22529 Hamburg
Geschäftsführer / Verlagsleitung: Harald Hof
Druck: Books on Demand GmbH, In de Tarpen 42, 22848 Norderstedt

Imprint
Publisher: BABADADA GmbH, Nedderfeld 112 , 22529 Hamburg, Germany
Managing Director / Publishing direction: Harald Hof
Print: Books on Demand GmbH, In de Tarpen 42, 22848 Norderstedt, Germany

школа

sekolah

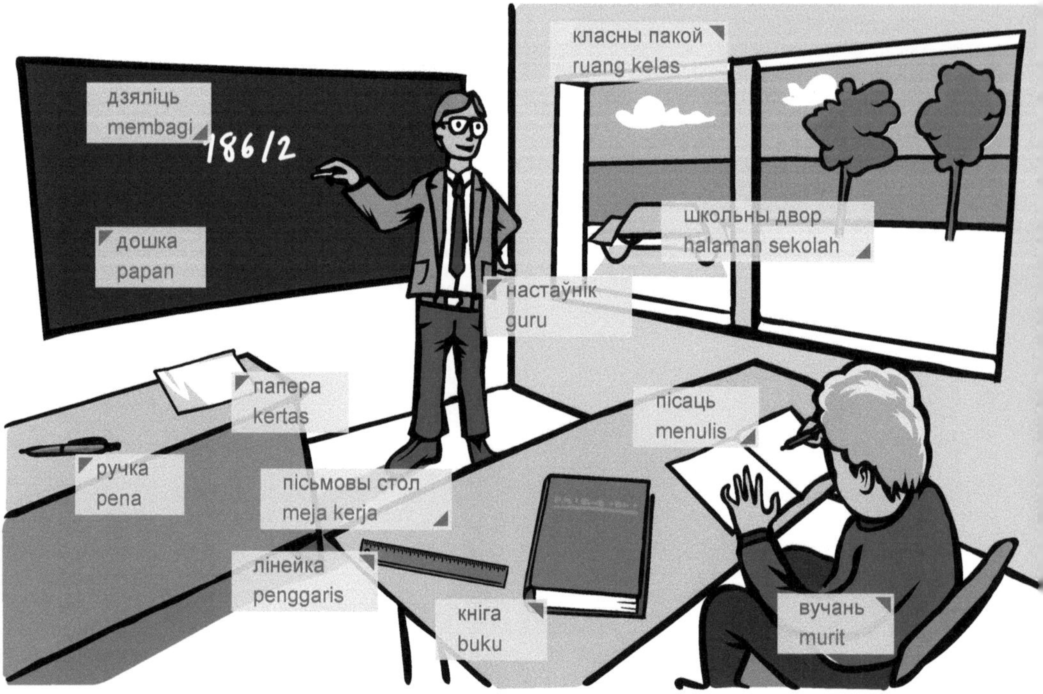

класны пакой
ruang kelas
дзяліць
membagi
186/2
дошка
papan
школьны двор
halaman sekolah
настаўнік
guru
папера
kertas
пісаць
menulis
ручка
pena
пісьмовы стол
meja kerja
лінейка
penggaris
кніга
buku
вучань
murit

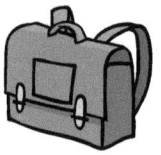

ранец

tas sekolah

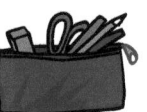

пенал

tempat pensil

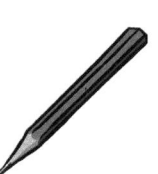

просты аловак

pensil

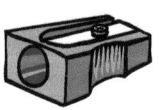

тачылка для алоўкаў

pengasah pensil

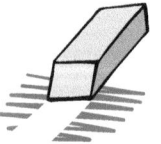

гумка

penghapus

альбом для малявання

kertas gambar

малюнак

gambar

пэндзлік

kuas

фарбы

kotak cat

нажніцы

gunting

клей

lem

сшытак

buku latihan

хатняе заданне

pekerjaan rumah

12

лік

angka

2+2

дадаваць

tambhakan

5-2

адымаць

mengurangi

2×2

множыць

mengalikan

лічыць

menghitung

A

літара

huruf

ABCDEFG HIJKLMN OPQRSTU VWXYZ

алфавіт

alfabet

hello

слова

kata

тэкст

teks

чытаць

membaca

крэйда

kapur

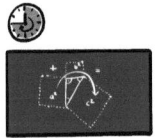

ўрок

pelajaran

класны журнал

daftar

экзамен

ujian

атэстат

sertifikat

школьная форма

seragam sekolah

адукацыя

pendidikan

энцыклапедыя

ensiklopedi

універсітэт

universitas

мікраскоп

mikroskop

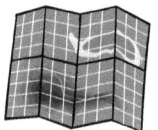

карта

peta

смеццевы кошык

tempat sampah

падарожжа

perjalanan

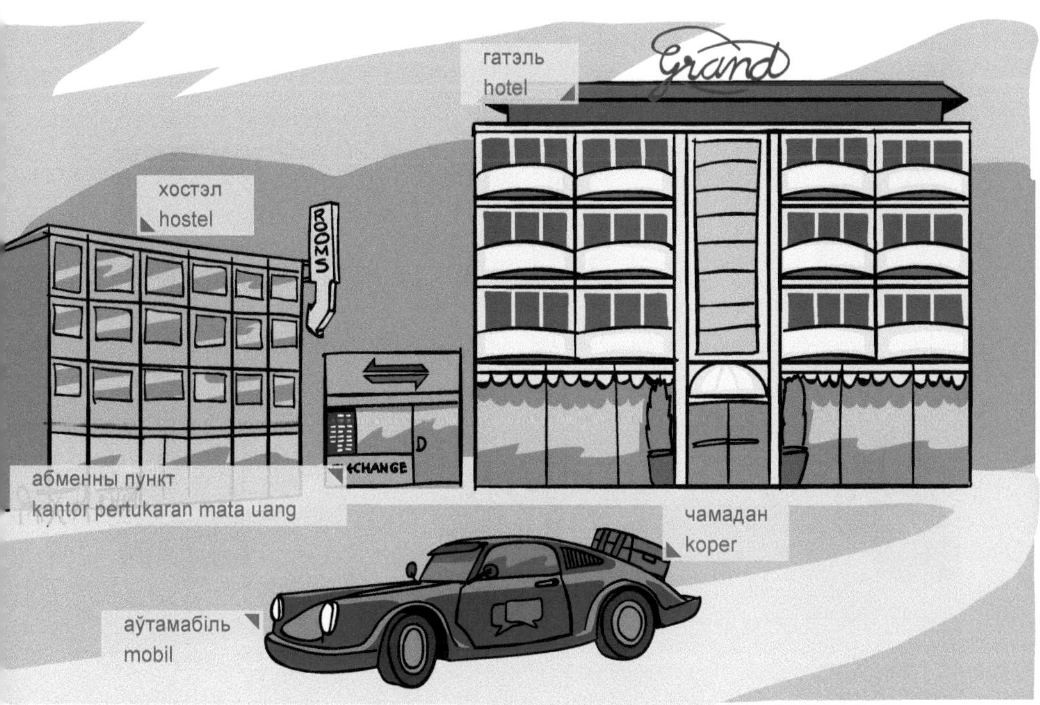

гатэль
hotel
Grand
хостэл
hostel
ROOMS
абменны пункт
kantor pertukaran mata uang
CHANGE
чамадан
koper
аўтамабіль
mobil

мова

bahasa

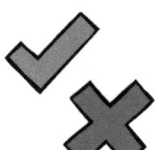

так / не

ya / tidak

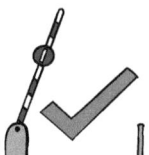

добра

okay

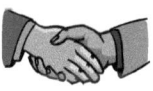

прывітанне!

hallo

перакладчык

penerjemah

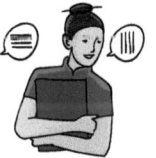

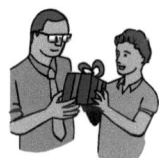

дзякуй

terima kasih

Колькі каштуе....?

Berapa harganya...?

я не разумею

saya tidak mengerti

праблема

masalah

Добры вечар!

Selamat malam!

Добрай раніцы!

Selamat siang!

Дабранач!

Selamat tidur!

да пабачэння

sampai jumpa

кірунак

arah

багаж

bagasi

сумка

tas

заплечнік

ransel

госць

tamu

пакой

ruang

спальны мяшок

kantong tidur

палатка

tenda

інфармацыя для турыстаў

informasi wisata

пляж

pantai

крэдытная картка

kartu kredit

снеданне

sarapan

абед

makan siang

вячэра

makan malam

праязны білет

tiket

ліфт

elevator

паштовая марка

perangko

мяжа

perbatasan

мытня

cukai

пасольства

kedutaan

віза

visa

пашпарт

paspor

транспарт
transportasi

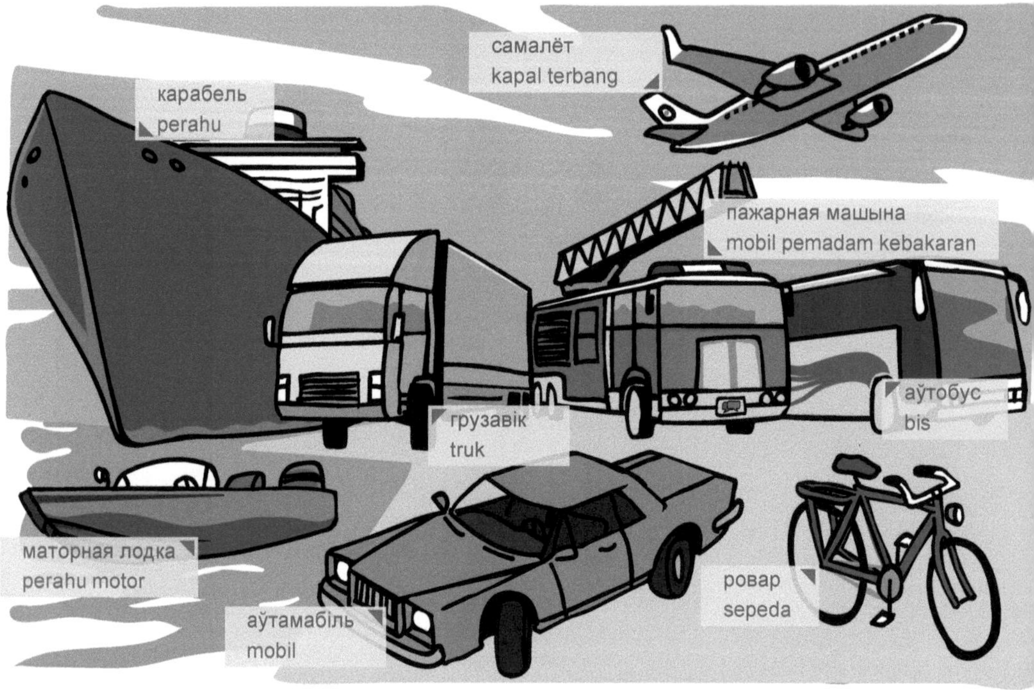

самалёт
kapal terbang
карабель
perahu
пажарная машына
mobil pemadam kebakaran
аўтобус
bis
грузавік
truk
маторная лодка
perahu motor
ровар
sepeda
аўтамабіль
mobil

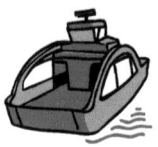

паром

feri

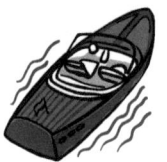

лодка

perahu

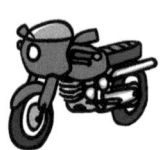

матацыкл

sepeda motor

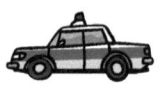

паліцэйская машына

mobil polisi

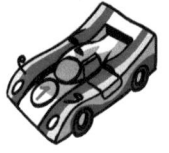

гоначны аўтамабіль

mobil balapan

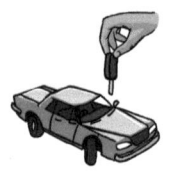

арэндаваны аўтамабіль

mobil sewa

сумеснае карыстанне
аўтамабілем

berbagi mobil

эвакуатар

truk derek

смеццявоз

truk sampah

матор

motor

паліва

bahan bakar

запраўка

bensin

дарожны знак

tanda lalulintas

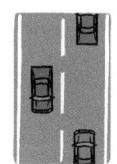

дарожны рух

lalulintas

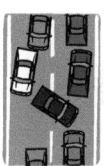

затор

macet

паркоўка

parkir mobil

чыгуначная станцыя

stasiun kereta

рэйкі

trek

цягнік

kereta api

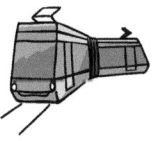

трамвай

tram

вагон

gerobak

верталёт

helikopter

аэрапорт

bendara

вежа

menara

пасажыр

penumpang

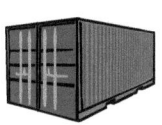

кантэйнер

container

кардонная скрыня

karton

тачка

troli

карзіна

keranjang

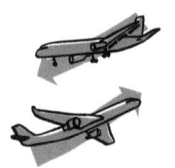

ўзлятаць / прызямляцца

berangkat / mendarat

горад

kota

вёска

desa

цэнтр горада

pusat kota

дом

rumah

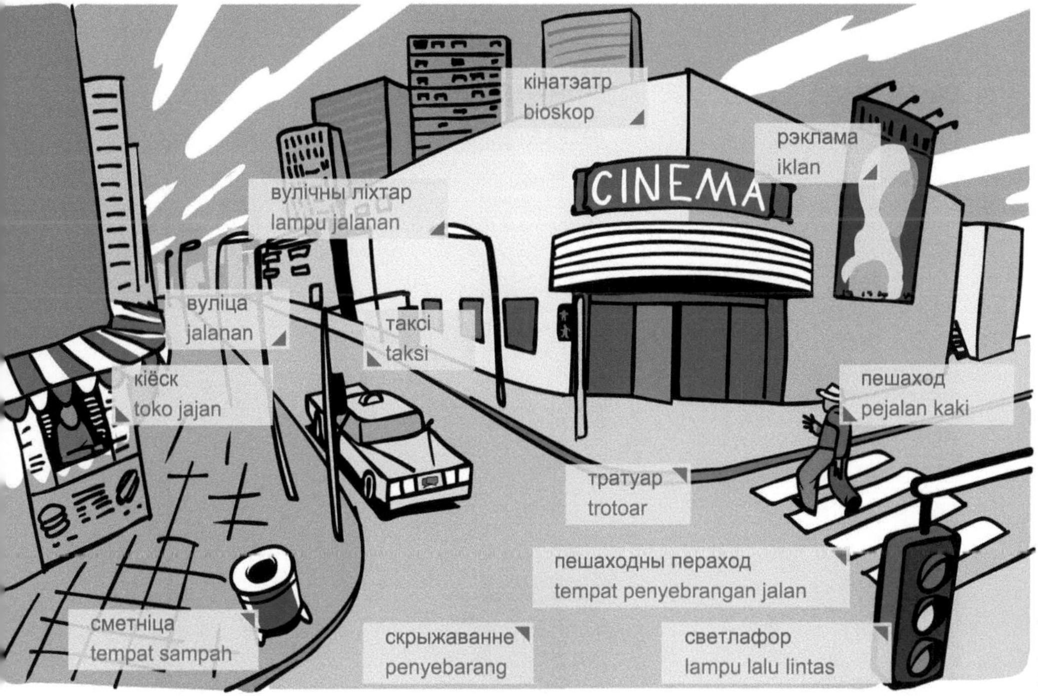

кінатэатр
bioskop

рэклама
iklan

вулічны ліхтар
lampu jalanan

вуліца
jalanan

таксі
taksi

кіёск
toko jajan

пешаход
pejalan kaki

тратуар
trotoar

пешаходны пераход
tempat penyebrangan jalan

сметніца
tempat sampah

скрыжаванне
penyebarang

светлафор
lampu lalu lintas

CINEMA

халупа

gubuk

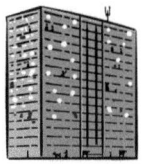

кватэра

rumah flat

чыгуначная станцыя

stasiun kereta

ратуша

balai kota

музей

museum

школа

sekolah

універсітэт
universitas

банк
bank

шпіталь
rumah sakit

гатэль
hotel

аптэка
farmasi

офіс
kantor

кнігарня
toko buku

крама
toko

кветкавая крама
toko bunga

супермаркет
supermarket

кірмаш
pasar

універмаг
toko serba ada

рыбная крама
nelayan

гандлевы цэнтр
pusat belanja

порт
pelabuhan

парк

taman

лава

banku

мост

jembatan

лесвіца

tangga

метро

kereta bawah tanah

тунэль

terowongan

прыпынак

pemberhantian bis

бар

bar

рэстаран

restauran

паштовая скрыня

kotak surat

вулічны паказальнік

tanda jalan

паркамат

meteran parkir

заапарк

kebun binatang

басейн

kolam renang

мячэць

mesjid

сядзіба

pertanian

забруджванне
навакольнага асяроддзя

polusi

могілкі

kuburan

царква

gereja

пляцоўка для гульні

tempat bermain

храм

pura

краявід
pemandangan

ліст
daun

паказальнік
penunjuk arah

дарога
jalanan

луг
padang rumput

камень
batu

дрэва
pohon

падарожнік
pejalak kaki

рака
sungai

трава
rumput

кветка
bunga

даліна

lembah

гара

bukit

возера

danau

лес

hutan

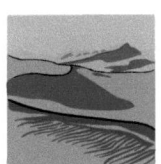

пустыня

padang gurun

вулкан

gunung berapi

замак

istana

вясёлка

pelangi

грыб

jamur

пальма

pohon palem

камар

nyamuk

муха

lalat

мурашка

semut

пчала

lebah

павук

laba-laba

жук

kumbang

жаба

kodok

вавёрка

tupai

вожык

landak

заяц

kelinci

сава

burung hantu

птушка

burung

лебедзь

angsa

дзік

babi jantan

алень

rusa

лось

rusa

плаціна

bendungan

вятрак

turbin angin

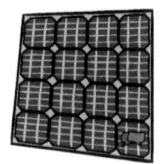

сонечная батарэя

panel surya

клімат

iklim

рэстаран
restauran

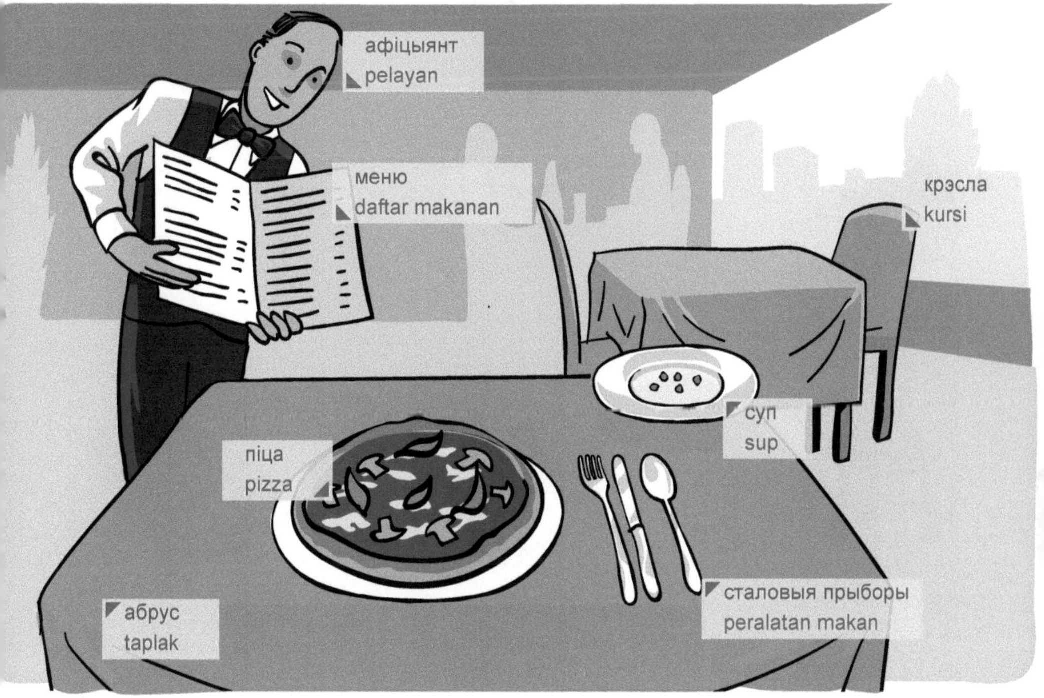

афіцыянт
pelayan
меню
daftar makanan
крэсла
kursi
суп
sup
піца
pizza
абрус
taplak
сталовыя прыборы
peralatan makan

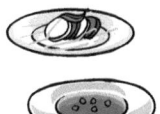

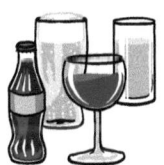

закуска

hindangan pembuka

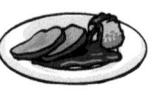

другая страва

hidangan utama

дэсерт

hidangan penutup

напоі

minuman

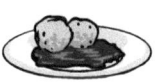

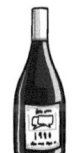

ежа

makanan

бутэлька

botol

хуткае харчаванне (фаст-фуд)

fastfood

стрыт-фуд

masakan jalanan

імбрык (чайнік)

teko teh

цукарніца

kaleng gula

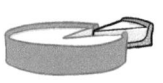

порцыя

porsi

эспрэса-машына

mesin espresso

дзіцячае крэселка

kursi tinggi

рахунак

tagihan

паднос

baki

нож

pisau

відэлец

garpu

лыжка

sendok

чайная лыжка

sendok teh

сурвэтка

serbet

шклянка

gelas

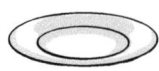

талерка

piring

супавая талерка

piring sup

сподак

lepek

соус

saus

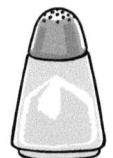

сальніца

tempat garam

млынок для перцу

gilingan merica

воцат

cuka

алей

minyak

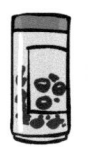

спецыі

bumbu

кетчуп

saus tomat

гарчыца

mustar

маянэз

mayones

супермаркет
supermarket

акцыя
penawaran khusus
FOR
пакупнік
klien
малочныя прадукты
produk susu
садавіна
buah
вазок
troli

BUTCHERS

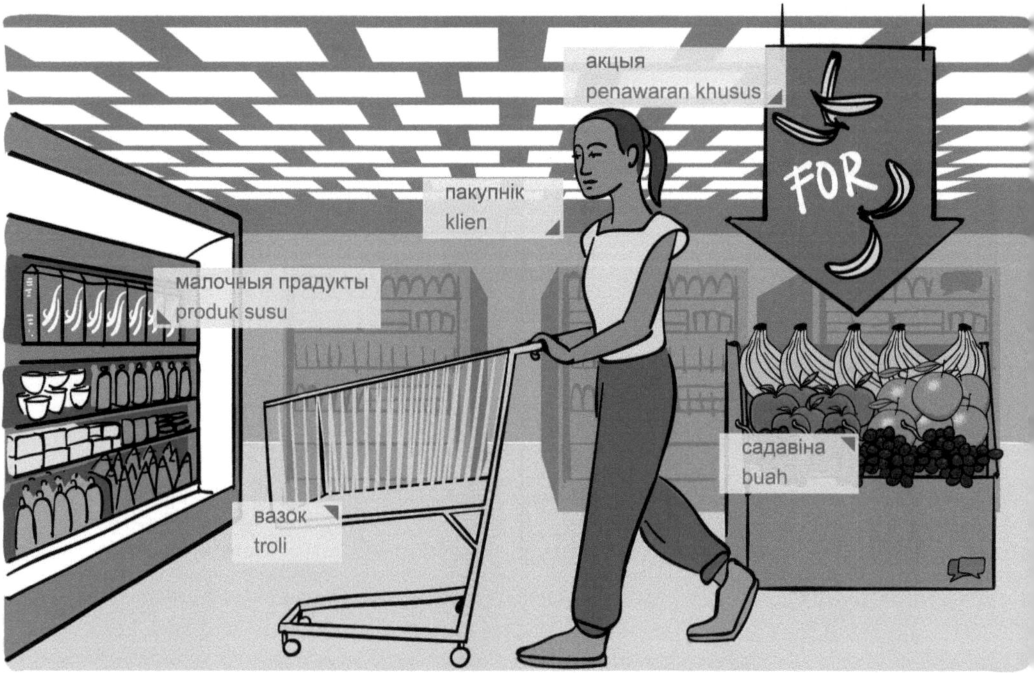

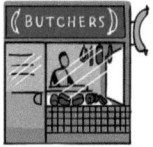

мясная крама
pembantai

BAKERY

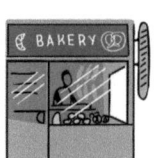

хлебны магазін
toko roti

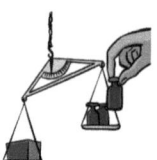

важыць
menimbang

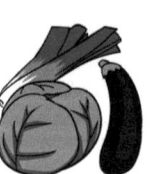

гароднiна
sayur

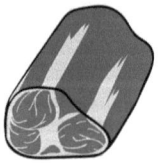

мяса
daging

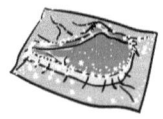

свежазамарожаныя прадукты
makanan beku

нарэзка

pemotongan dingin

кансервы

makanan kaleng

пральны парашок

sabun serbuk

прысмакі

permen

хатнія прылады

alat-alat rumah tangga

чысцячы сродак

obat pembersihan

прадавец

penjual

каса

kasa

касір

kasir

спіс пакупак

daftar belanja

гадзіны працы

jam buka

бумажнік

dompet

крэдытная картка

kartu kredit

сумка

tas

пакет

kantong plastik

супермаркет - supermarket

вада

air

сок

jus

малако

susu

кола

cola

віно

anggur

піва

bir

алкаголь

alkohol

какава

coklat

гарбата (чай)

teh

кава

kopi

эспрэса

espresso

капучына

cappucino

банан

pisang

яблык

apel

апельсін

jeruk

дыня

semangka

лімон

jeruk lemon

морква

wortel

часнок

bawang putih

бамбук

bambu

цыбуля

bawang bombai

грыб

jamur

арэхі

kacang

локшына

mi

спагеці

spagetti

рыс

nasi

салата

salat

бульба фры

kentang goreng

смажаная бульба

kentang goreng

піца

pizza

гамбургер

hamburger

бутэрброд

sandwich

шніцаль

sayatan

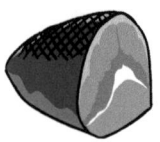

вяндліна

ham

салямі

salami

каўбаса

sosis

курыца

ayam

смажаніна

menggoreng

рыбак

ikan

аўсяныя камякі

bubur gandum

мюслі

sereal

кукурузныя шматкі

cornflakes

мука

tepung

круасан

croissant

булачка

roti

хлеб

roti

тост

toast

пячэнне

biskuit

масла

mentega

тварог

dadih

пірог

kue

яйка

telur

яечня

telur goreng

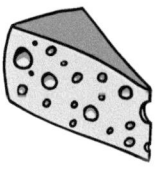

сыр

keju

марожанае

eskrim

цукар

gula

мёд

madu

варэнне

selai

нуга

krim nugat

кары

kare

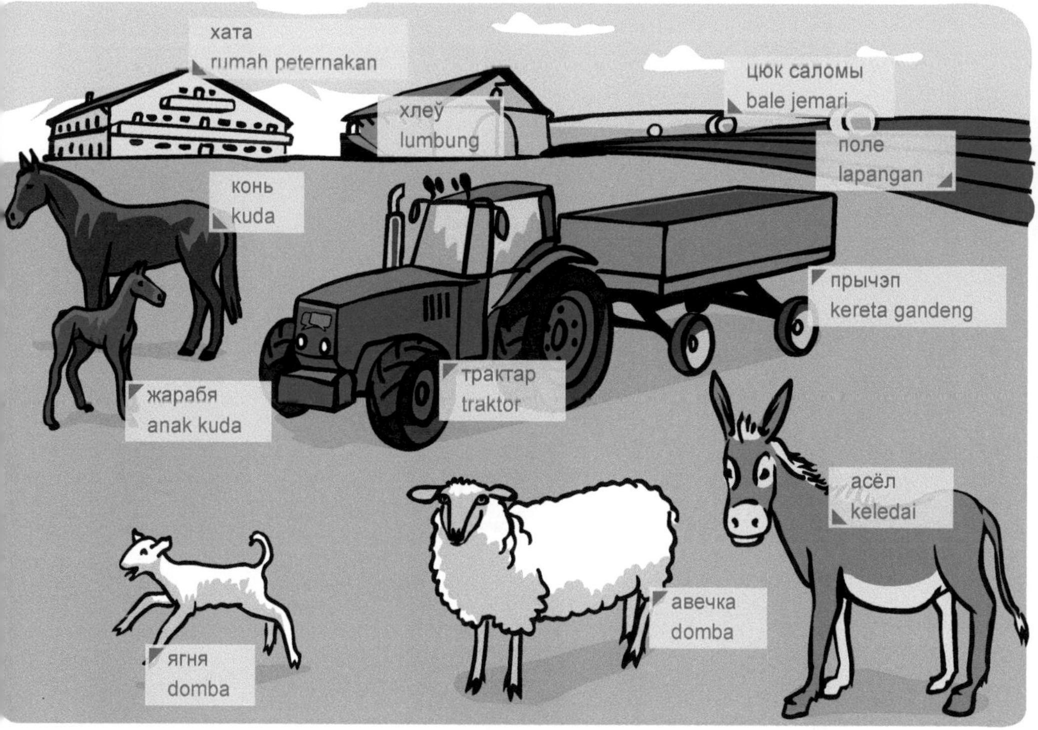

хата
rumah peternakan

цюк саломы
bale jemari

хлеў
lumbung

поле
lapangan

конь
kuda

прычэп
kereta gandeng

жарабя
anak kuda

трактар
traktor

асёл
keledai

ягня
domba

авечка
domba

каза

kambing

карова

sapi

цяля

betis

свіння

babi

парася

celeng

бык

banteng

гусак

angsa

качка

bebek

кураня

anak ayam

курыца

ayam

певень

ayam jantan

пацук

tikus

кот

kucing

мыш

tikus

вол

lembu

сабака

anjing

сабачая будка

rumah anjing

садовы шланг

selang

палівачка

penyiram

каса

sabit

плуг

bajak

серп

sabit

матыка

cangkul

вілы для гною

garpu rumput

сякера

kapak

тачка

gerobak

карыта

palung

бітон для малака

kaleng susu

мех

karung

плот

pagar

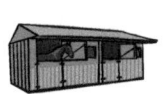

хлеў

kandang

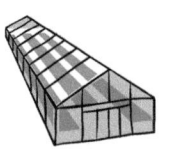

цяпліца

rumah kaca

глеба

tanah

насенне

benih

угнаенне

pupuk

камбайн

mesin pemanen

збіраць ураджай

panen

ураджай

panen

ямс

yams

пшаніца

gandum

соя

kedelai

бульба

kentang

кукуруза

jagung

рапс

lobak

садовае дрэва

pohon buah

маніёк

singkong

збожжа

sereal

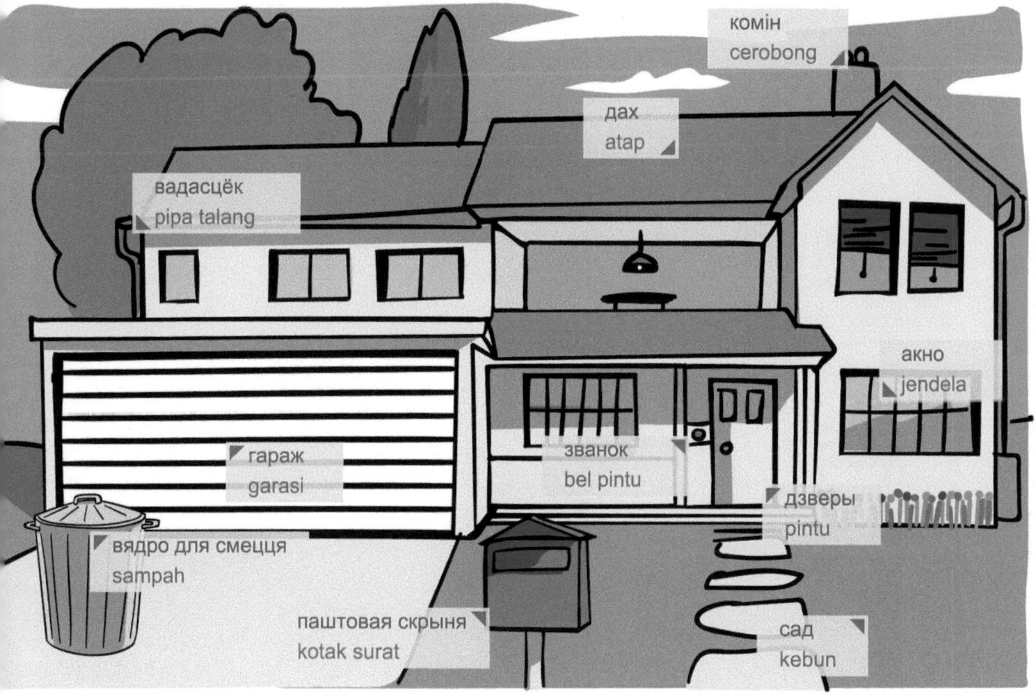

комін
cerobong

дах
atap

вадасцёк
pipa talang

акно
jendela

гараж
garasi

званок
bel pintu

дзверы
pintu

вядро для смецця
sampah

паштовая скрыня
kotak surat

сад
kebun

жылы пакой
ruang tamu

ванная
kamar mandi

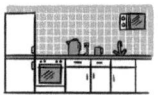

кухня
dapur

спальны пакой
kamar tidur

дзіцячы пакой
kamar anak

сталоўка
kamar makan

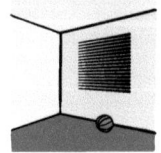

падлога

lantai

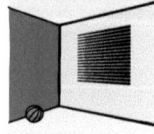

сцяна

tembok

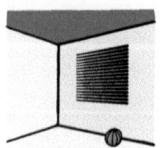

столь

atap

падвал

gudang di bawah tanah

саўна

sauna

балкон

balkon

тэраса

teras

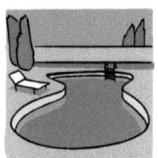

басейн

kolam renang

касілка

mesin pemotong rumput

падкоўдранік

sprei

коўдра

selimut

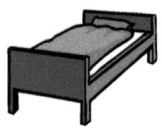

ложак

tempat tidur

венік

sapu

вядро

ember

выключальнік

tombol

жылы пакой
ruang tamu

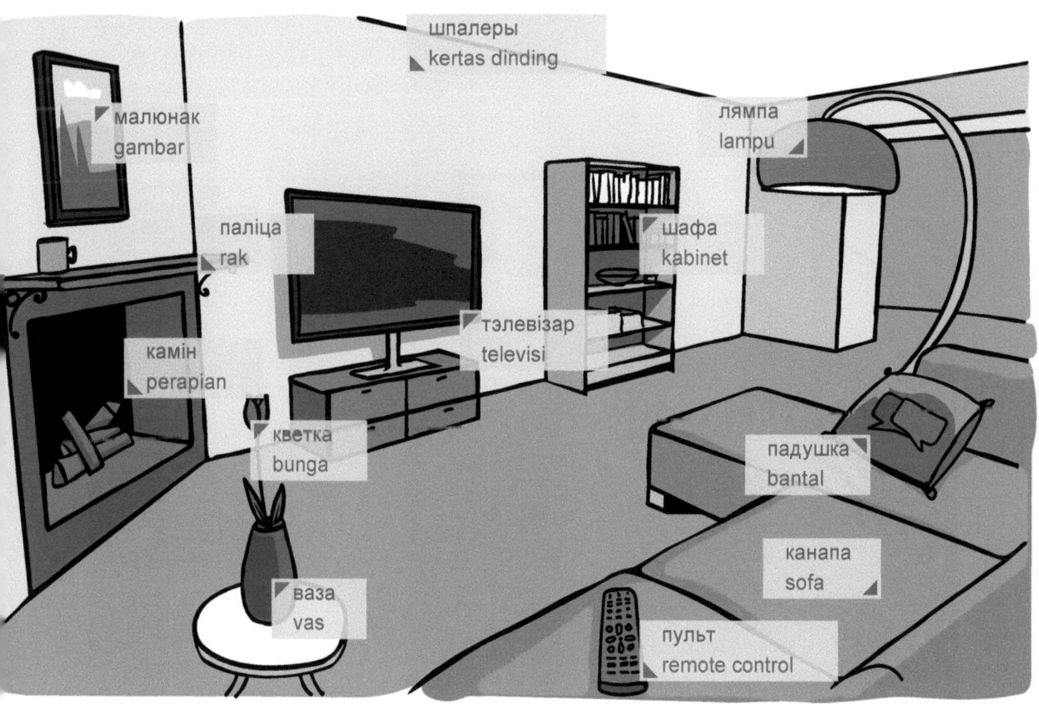

шпалеры
kertas dinding
малюнак
gambar
лямпа
lampu
паліца
rak
шафа
kabinet
тэлевізар
televisi
камін
perapian
кветка
bunga
падушка
bantal
канапа
sofa
ваза
vas
пульт
remote control

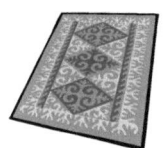

дыван

karpet

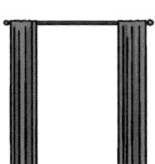

фіранка

korden

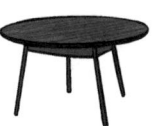

стол

meja

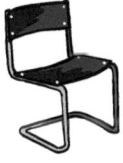

крэсла

kursi

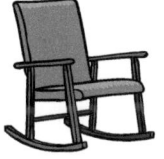

крэсла-качалка

kursi goyang

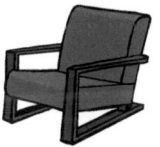

крэсла

kursi malas

кніга

buku

коўдра

selimut

дэкарацыя

dekorasi

дровы

kayu bakar

кіно

filem

стэрэасістэма

hi-fi

ключ

kunci

газета

koran

карціна

lukisan

постар

poster

радыё

radio

нататнік

buku tulis

пыласос

penyedot debu

кактус

kaktus

свечка

lilin

кухня
dapur

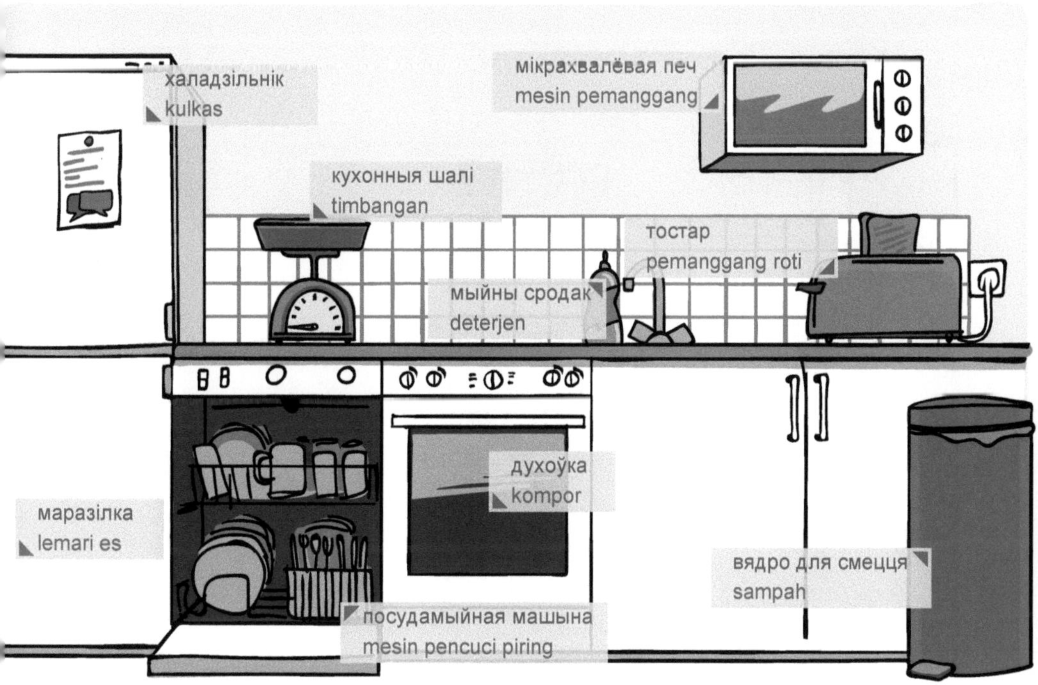

халадзільнік
kulkas
мікрахвалёвая печ
mesin pemanggang
кухонныя шалі
timbangan
тостар
pemanggang roti
мыйны сродак
deterjen
духоўка
kompor
маразілка
lemari es
вядро для смецця
sampah
посудамыйная машына
mesin pencuci piring

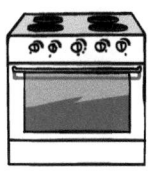

пліта

kompor

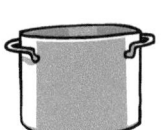

рондаль

panci

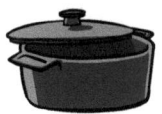

чыгунок

panci besi

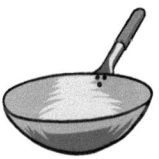

Вок / кадаі

wajan

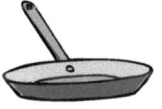

патэльня

panci

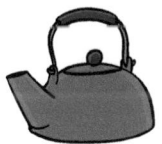

чайнік

pemanas air

параварка

panci pengukus makanan

бляха

nampan

посуд

piring

кубак

cangkir

міска

mangkok

палачкі для ежы

sumpit

чарпак

sendok sup

лапатачка

sudip

збівалка

mengocok

сіта для варэння

saringan

сіта

saringan

тарка

parutan

ступка

mortir

грыль

barbeque

вогнішча

api terbuka

дошка

papan memotong

качалка

gilingan

штопар

alat pembuka botol

бляшанка

kaleng

адкрывалка

pembuka kaleng

прыхваткі

pegangan panci

ракавіна

wastafel

шчотка

sikat

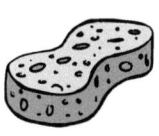

губка

busa

міксер

mesin pencampur

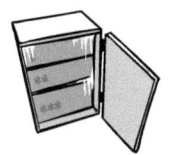

маразільная камера

lemari es

бутэлечка

botol bayi

вадаправодны кран

keran

ванная

kamar mandi

ручніковы сушыцель
mesin pemanas
ручнік
handuk
душ
mandi
штора для душа
tirai kamar mandi
пенная ванна
mandi busa
ванна
bak mandi
шклянка
gelas
мыйная машына
mesin cuci
вадаправодны кран
keran
плітка
ubin
начны гаршчок
pispot
ракавіна
wastafel

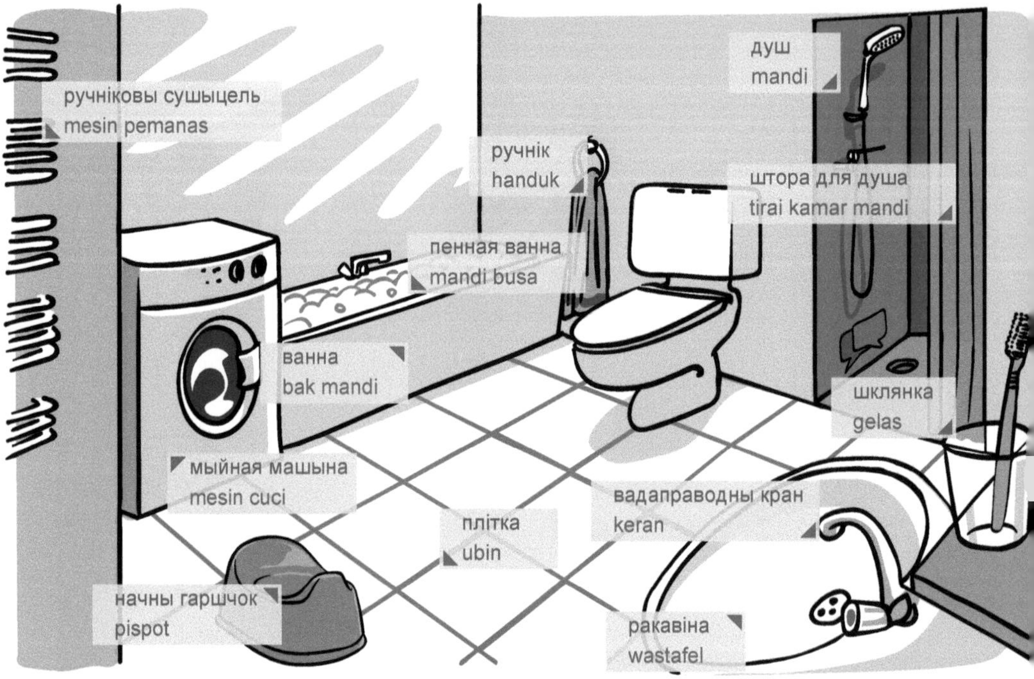

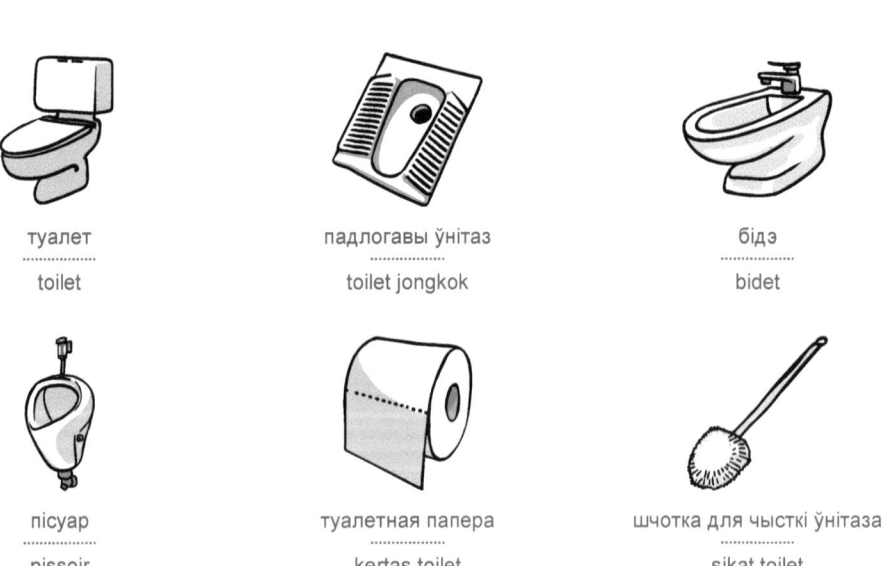

туалет

toilet

падлогавы ўнітаз

toilet jongkok

бідэ

bidet

пісуар

pissoir

туалетная папера

kertas toilet

шчотка для чысткі ўнітаза

sikat toilet

зубная шчотка

sikat gigi

зубная паста

pasta gigi

зубная нітка

benang gigi

мыць

menyuci

ручны душ

pancuran tangan

інтымны душ

pancuran

умывальнік

bak

шчотка для спіны

sikat punggung

мыла

sabun

гель для душа

gel mandi

шампунь

sampo

вяхотка

planel

вадасцёк

kuras

крэм

krim

дэзадарант

deodoran

люстэрка

kaca

касметычнае люстэрка

cermin tangan

станок для галення

pisau cukur

пена для галення

busa cukur

ласьён пасля галення

aftershave

грэбень

sisir

шчотка

sikat

фен

alat pengering rambut

лак для валасоў

semprot rambut

касметыка

makeup

памада

lipstik

лак для пазногцяў

cat kuku

вата

kapas

манікюрныя нажніцы

gunting kuku

духі

minyak wangi

касметычка

kantong pencuci

табурэтка

bangku

вагі

timbangan

лазневы халат

mantel mandi

санітарныя пальчаткі

sarung tangan karet

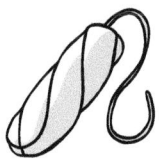

тампон

tampon

гігіенічныя пракладкі

handuk pembalut

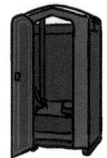

біятуалет

toilet kimia

дзіцячы пакой

kamar anak

будзільнік
jam alarm
мяккая цацка
boneka tidur
цацачная машынка
mobil-mobilan
бразготка
kelintung
лялечны домік
rumah boneka
падарунак
kado

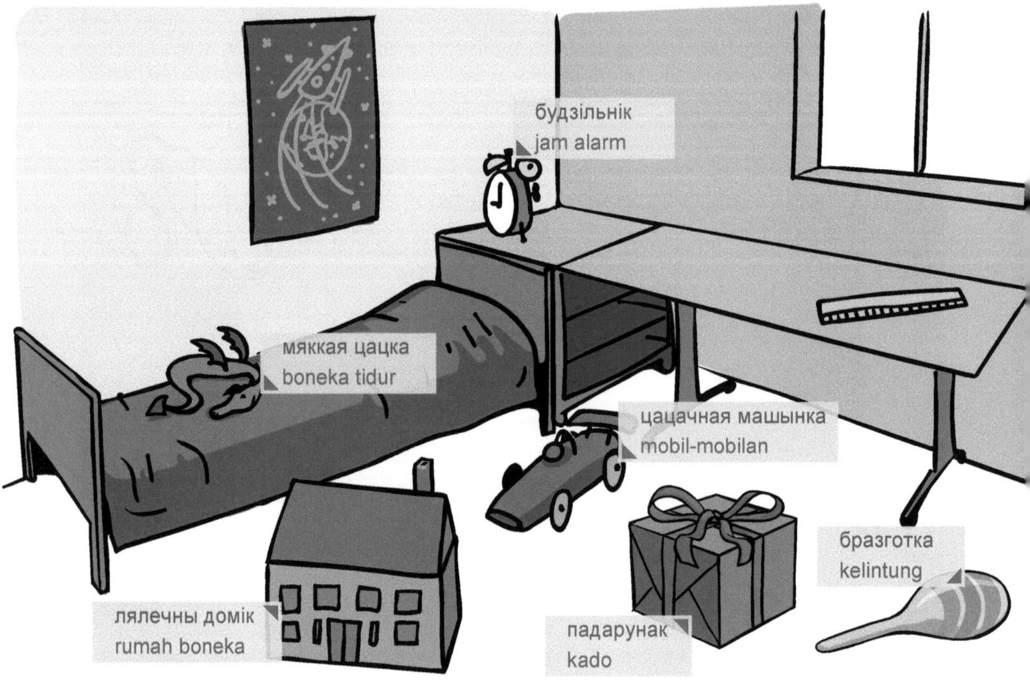

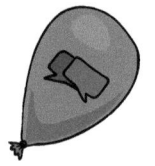

надзіманы шарык

balon

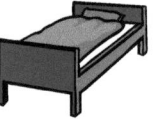

ложак

tempat tidur

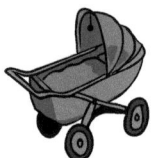

дзіцячая каляска

kereta bayi

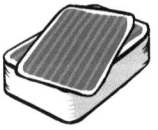

калода картаў

mainan kartu

пазл

teka-teki

SUPER
MEGA

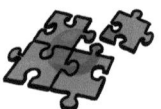

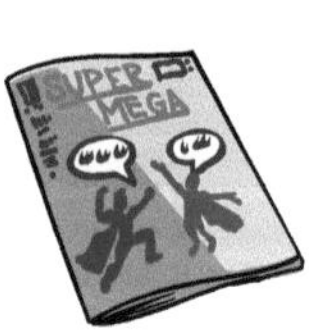

комікс

komik

канструктар "Лега"

mainan lego

канструктар

blok mainan

экшэн-фігурка

figur aksi

дзіцячы гарнітур

baju monyet

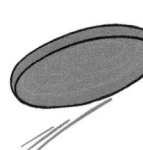

фрызбі

frisbee

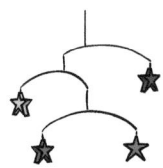

дзіцячы мабіль

mobile

настольная гульня

permainan papan

кубік

dadu

дзіцячая чыгунка

set model kreta api

пустышка

dot

дзіцячае свята

pesta

кніга з малюнкамі

buku gambar

мячык

bola

лялька

boneka

гуляцца

bermain

пясочніца

tempat main pasir

арэлі

ayunan

цацкі

mainan

гульнявая відэа прыстаўка

video game konsol

трохколавы ровар

sepeda roda tiga

плюшавы мішка

teddy

шафа

lemari pakaian

адзенне

pakaian

шкарпэткі

kaos kaki

панчохі

kaos kaki

калготкі

baju ketat

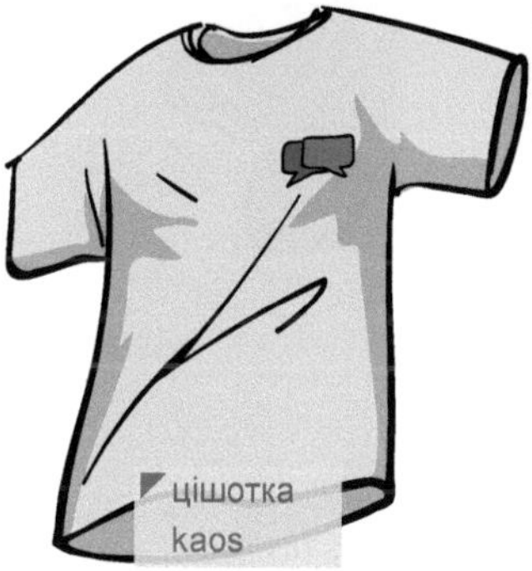

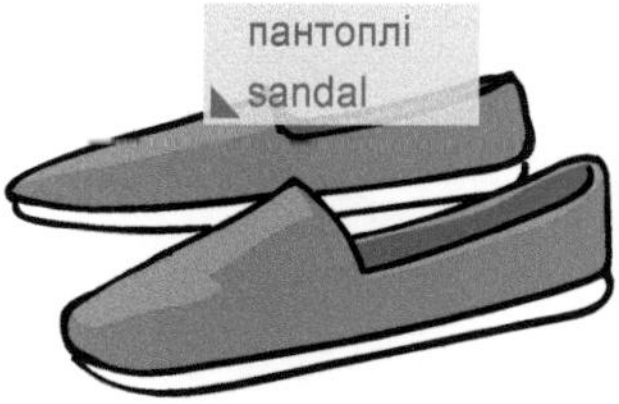

шалік
syal

рамень
sabuk

парасон
payung

цішотка
kaos

боты
sepatu bot

пантоплі
sandal

красоўкі
sepatu

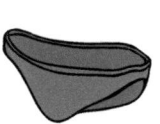

сандалі
sandal

абутак
sepatu

гумовыя боты
sepatu bot karet

трусы
celana dalam

бюстгальтар
BH

майка
baju rompi

бодзі

body

штаны

celana

джынсы

jeans

спадніца

rok

блузка

blus

кашуля

kemeja

джэмпер

aket berkerudung

талстоўка

sweater

блэйзер

jaket

куртка

jaket

паліто

mantel

дажджавік

jas hujan

касцюм

kostum

сукенка

gaun

вясельная сукенка

gaun pengantin

касцюм

setelan resmi

начная сарочка

gaun tidur

піжама

piyama

сары

sari

хустка

jilbab

цюрбан

turban

паранджа

burka

каптан

kaftan

Абая

abaya

купальнік

pakaian renang

плаўкі

celana renang

шорты

celana pendek

спартыўны касцюм

olah raga

фартух

celemek

пальчаткі

sarung tangan

гузік

kancing

акуляры

kacamata

бранзалет

gelang

каралі

kalung

кальцо

cincin

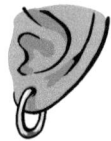

завушніца

anting

кепка

topi

вешалка

gantungan mantel

капялюш

topi

гальштук

dasi

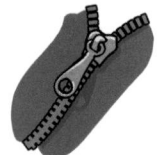

маланка

ritsleting

шлем

helm

падцяжкі

tali selempang

школьная форма

seragam sekolah

уніформа

seragam

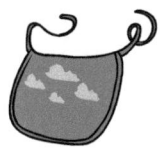

нагруднік

oto

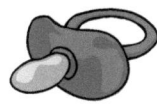

пустышка

dot

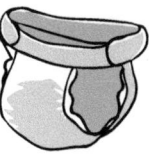

падгузнік

popok

офіс

kantor

сервер
server
канцылярская шафа
lemari arsip
прынтэр
pencetak
папера
kertas
манітор
layar
мыш
mouse komputer
пісьмовы стол
meja kerja
тэчка
tempat pengarsipan
клавіятура
papan tombol
крэсла
kursi
смеццевы кошык
tempat sampah
кампутар
computer

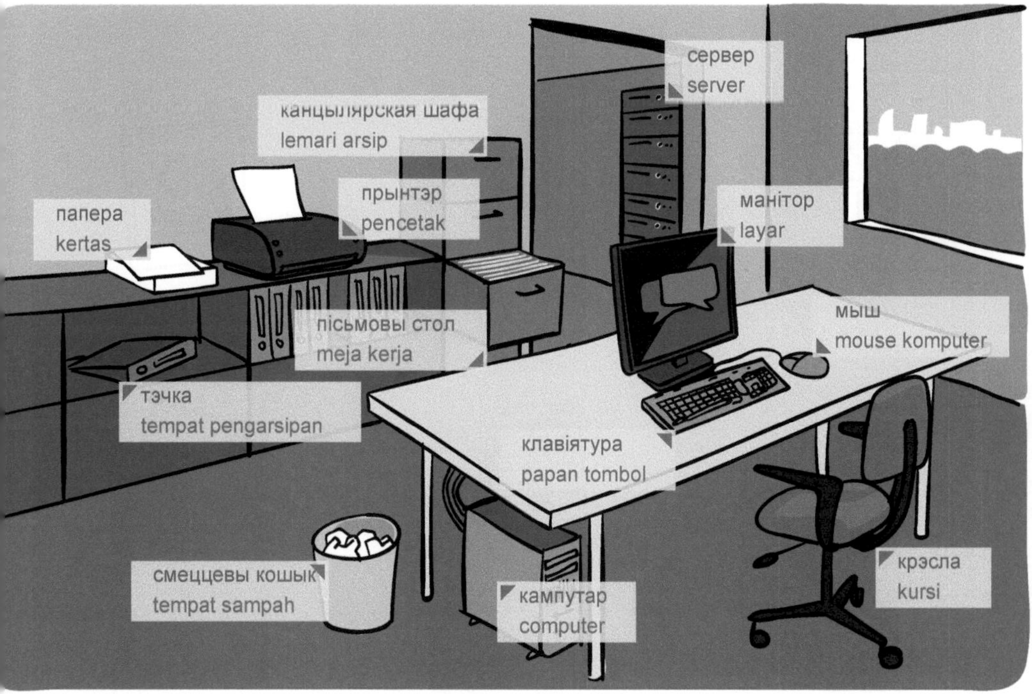

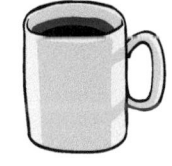

кубак для кавы (філіжанка)

cangkir kopi

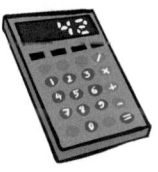

калькулятар

kalkulator

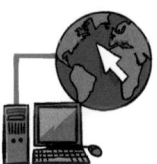

інтэрнэт

internet

ноўтбук

laptop

ліст

surat

паведамленне

pesan

мабільны тэлефон

telepon seluler

сетка

jaringan

ксеракс

fotokopi

праграмнае забеспячэнне

software

тэлефон

telepon

разетка

plug soket

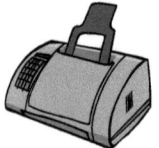

факс

mesin fax

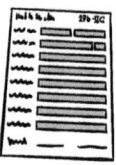

фармуляр

formulir

дакумент

dokumen

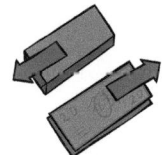

купляць
membeli

плаціць
membayar

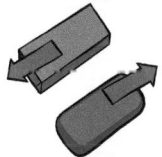

гандляваць
berdagang

грошы
uang

USD

долар
Dollar

EUR

еўра
Euro

JPY

ена
Yen

RUB

рубель
Rubel

CHF

франк
Franc Swiss

CNY

кітайскі юань
Renminbi Yuan

INR

рупія
Rupiah

банкамат
ATM

абменны пункт

kantor pertukaran mata uang

золата

emas

срэбра

perak

нафта

minyak

энергія

energi

цана

harga

кантракт

kontrak

падатак

pajak

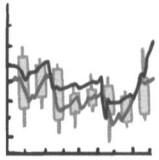

акцыя

saham

працаваць

bekerja

служачы

karyawan

працадаўца

majikan

фабрыка

pabrik

крама

toko

прафесіі

pekerjaan

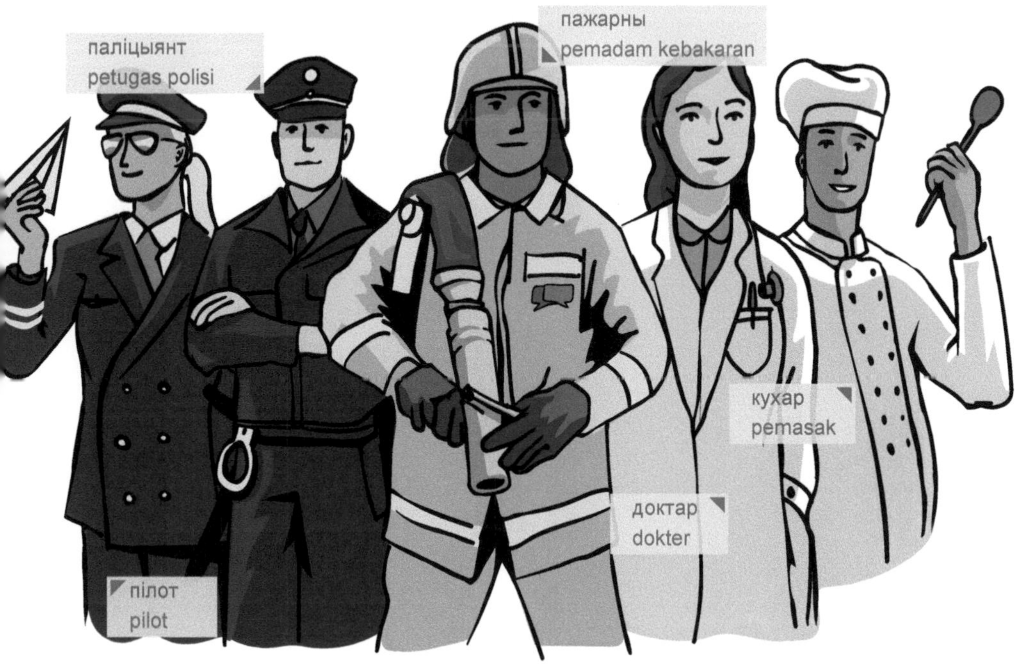
паліцыянт
petugas polisi
пажарны
pemadam kebakaran
кухар
pemasak
доктар
dokter
пілот
pilot

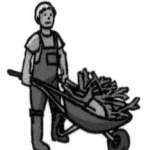

садоўнік

tukan kebun

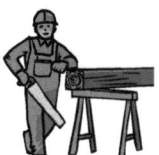

слесар

tukang kayu

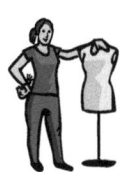

швачка

penjahit wanita

суддзя

hakim

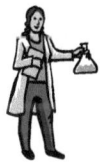

хімік

ahli kimia

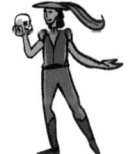

артыст

aktor

кіроўца аўтобуса

sopir bis

таксіст

sopir taksi

рыбак

nelayan

прыбіральшчыца

pembantu

страхар

tukang atap

афіцыянт

pelayan

паляўнічы

pemburu

мастак

pelukis

пекар

tukang roti

электрык

tukang listrik

будаўнік

pembangun

інжынер

insinyur

мяснік

tukang daging

сантэхнік

tukang ledeng

паштальён

tukang pos

салдат

tentara

архітэктар

arsitek

касір

kasir

фларыст

penjual bunga

цырульнік

penata rambut

кандуктар

konduktor

механік

montir

капітан

kapten

стаматолаг

dokter gigi

вучоны

ilmuwan

рабін

rabbi

імам

imam

манах

biarawan

святар

pendeta

інструменты
alat

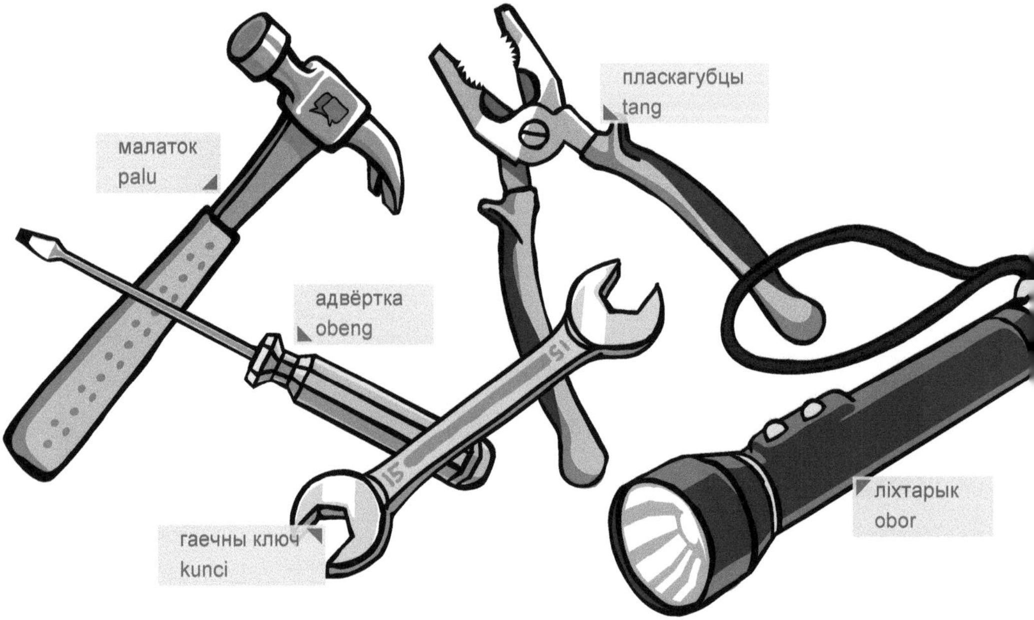
малаток
palu
пласкагубцы
tang
адвёртка
obeng
гаечны ключ
kunci
ліхтарык
obor

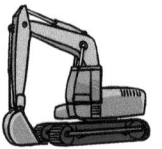

экскаватар

penggali

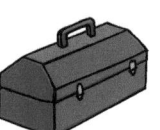

скрыня для інструментаў

tas perkakas

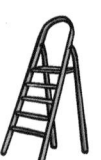

дравіны

tangga

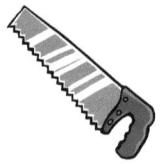

піла

gergaji

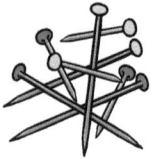

цвікі

paku

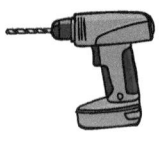

дрыль

bor

рамантаваць

perbaikan

рыдлеўка

sekop

Халера!

Sialan!

шуфлік для смецця

cikrak

вядро з фарбаю

pot cat

балты

sekrup

музычныя інструменты
alat musik

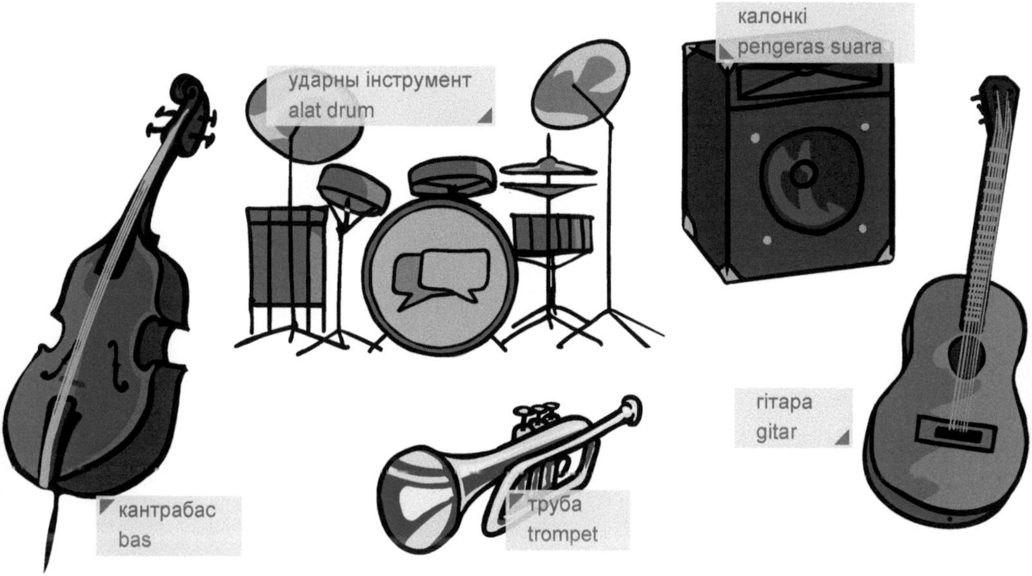

ударны інструмент
alat drum

калонкі
pengeras suara

гітара
gitar

кантрабас
bas

труба
trompet

піяніна

piano

скрыпка

violin

басгітара

bass

літаўры

tambur

барабан

drum

клавішны электрамузычны
інструмент

keyboard

саксафон

saksofon

флейта

suling

мікрафон

mikrofon

заапарк

kebun binatang

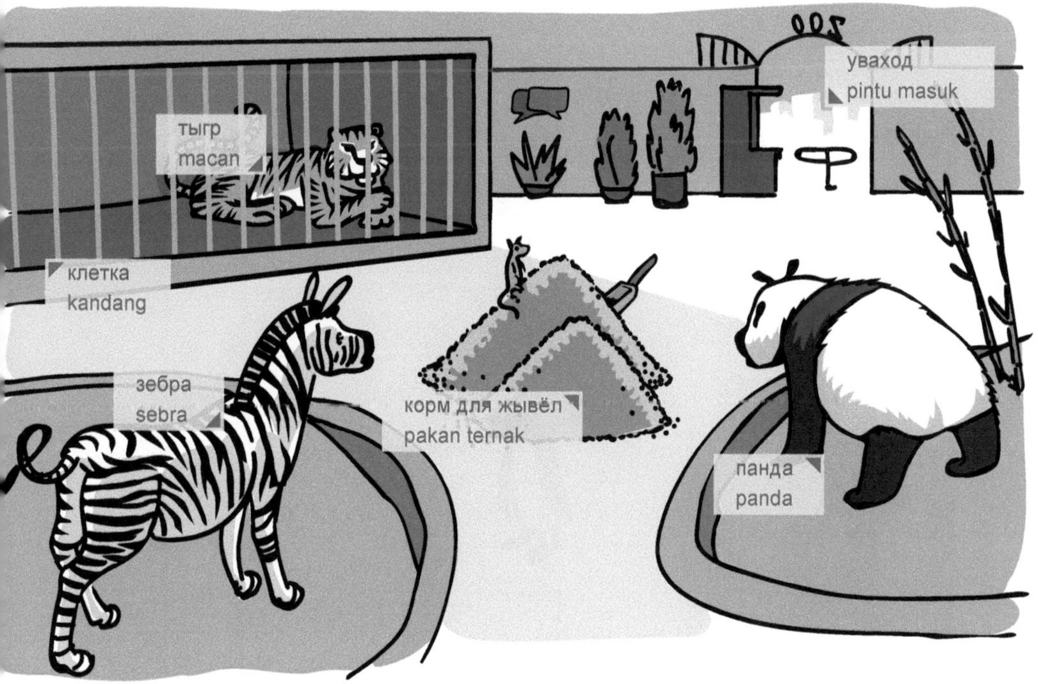

уваход
pintu masuk
тыгр
macan
клетка
kandang
зебра
sebra
корм для жывёл
pakan ternak
панда
panda

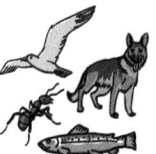

жывёлы

hewan

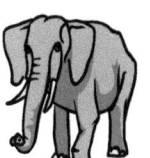

слон

gajah

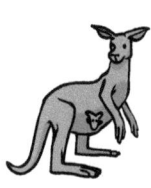

кенгуру

kanguru

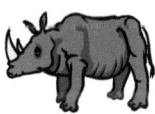

насарог

badak

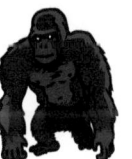

гарыла

gorila

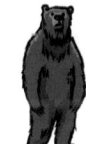

мядзведзь

beruang

вярблюд

unta

стравус

burung unta

леў

singa

малпа

monyet

фламінга

flamingo

папугай

burung beo

белы мядзведзь

beruang polar

пінгвін

penguin

акула

hiu

паўлін

merak

змяя

ular

кракадзіл

buaya

наглядчык заапарка

penjaga kebun binatang

цюлень

segel

ягуар

jaguar

поні
....
kuda poni

леапард
....
macan tutul

бегемот
....
kuda nil

жыраф
....
jerapah

арол
....
burung elang

дзік
....
babi jantan

рыбак
....
ikan

чарапаха
....
kura-kura

морж
....
anjing laut

ліса
....
rubah

газель
....
kijang

амерыканскі футбол
american football

веласпорт
naik sepeda

тэніс
tennis

баскетбол
basketbal

плаванне
bernang

бокс
tinju

хакей з шайбай
hoki es

футбол
sepak bola

бадмінтон
badminton

лёгкая атлетыка
atletik

гандбол
bola tangan

горныя лыжы
main ski

пола
polo

дзейнасць

aktivitas

смяяцца
ketawa
скакаць
meloncat
абдымаць
memeluk
ісці
berjalan
спяваць
menyanyi
марыць
mengimpi
маліцца
berdoa
цалаваць
mencium

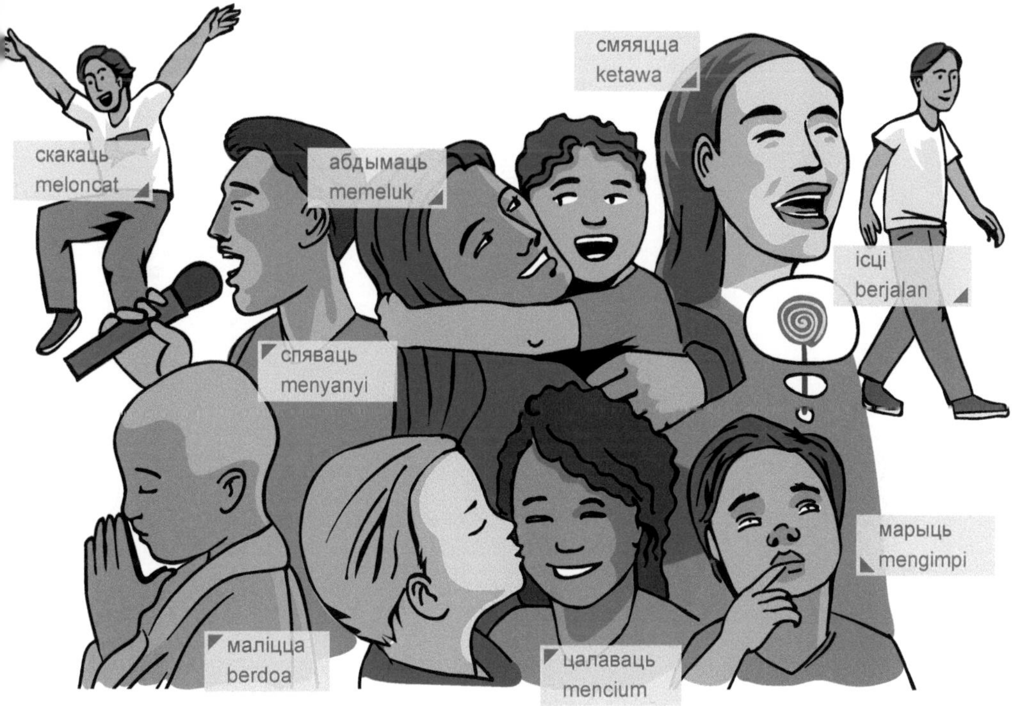

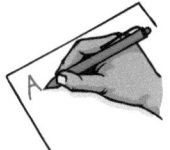

пісаць

menulis

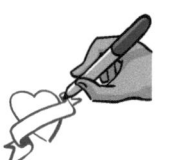

маляваць

melukis

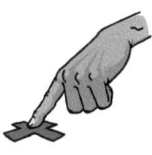

паказваць

menunjuk

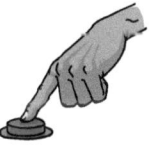

націснуць

mendorong

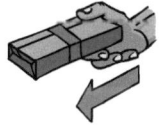

даваць

memberikan

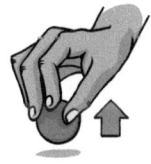

браць

mengambil

маць

mempunyai

выконваць

melakukan

быць

adalah

стаяць

berdiri

бегчы

berlari

цягнуць

menarik

кідаць

melempar

падаць

jatuh

ляжаць

tidur

чакаць

menunggu

насіць

membawa

сядзець

duduk

апранацца

berpakaian

спаць

tidur

прачынацца

bangun

глядзець

melihat

плакаць

menangis

лашчыць

mengelus

прычэсвацца

menyisir

гаварыць

berbicara

разумець

mengerti

пытаць

menanyak

чуць

mendengar

піць

minum

есці

makan

прыбіраць

merapikan

кахаць

cinta

гатаваць

memasak

ехаць

menyetir

лятаць

terbang

плаваць пад ветразем

berlayar

лічыць

menghitung

чытаць

membaca

вучыць

belajar

працаваць

bekerja

уступаць у шлюб

menikah

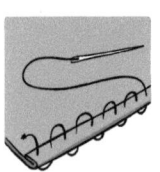

шыць

menjahit

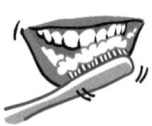

чысціць зубы

sikat gigi

забіваць

membunuh

курыць

merokok

пасылаць

kirim

бабуля
nenek

дзядуля
kakek

бацька
bapak

маці
ibu

дзіця
bayi

дачка
putri

сын
putra

госць

tamu

цётка

bibi

дзядзька

paman

брат

kakak laki

сястра

kakak perempuan

цела

badan

лоб
dahi
вока
mata
плячо
bahu
палец
jari
твар
muka
падбародак
dagu
рука
tangan
нага
kaki
грудзі
payudara
рука
lengan

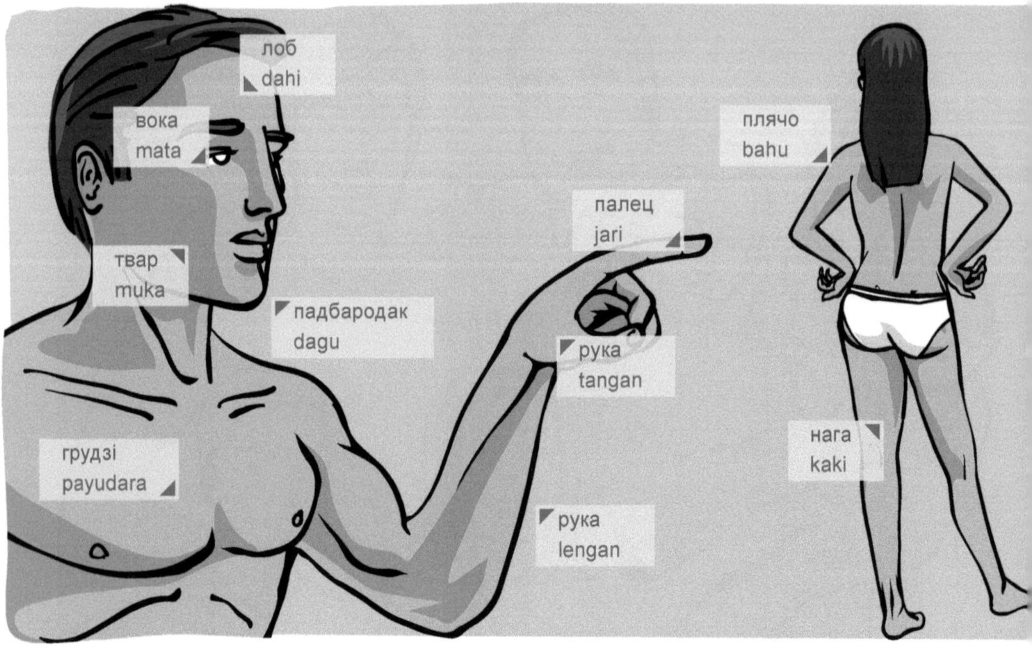

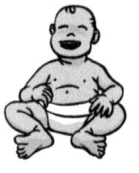

дзіця
bayi

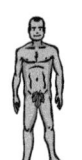

мужчына
pria

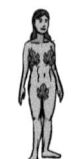

жанчына
wanita

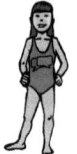

дзяўчынка
perempuan

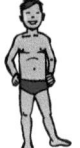

хлопчык
laki

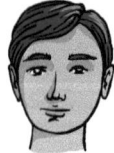

галава
kepala

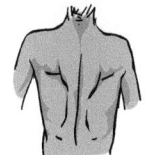

спіна

punggung

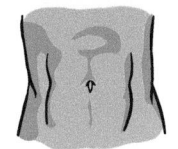

жывот

perut

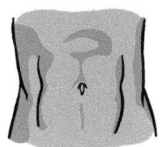

пуп

pusar

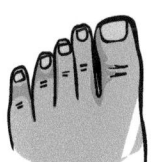

палец нагі

toe

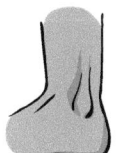

пятка

tumit

костка

tulang

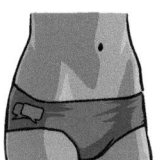

бядро

pinggang

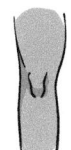

калена

lutut

локаць

siku

нос

hidung

ягадзіца

pantat

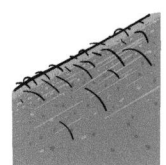

скура

kulit

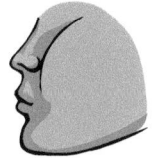

шчака

pipi

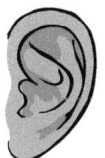

вуха

telinga

губа

bibir

цела - badan

рот

mulut

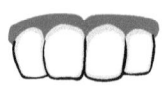

зуб

gigi

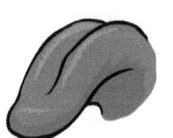

язык

lidah

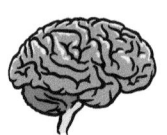

галаўны мозг

otak

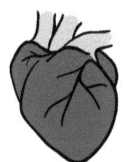

сэрца

jantung

мышца

otot

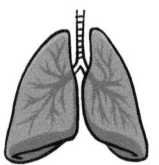

лёгкае

paru-paru

пячонка

hati

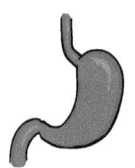

страўнік

stomach

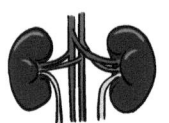

ныркі

ginjal

сэкс

hubungan seks

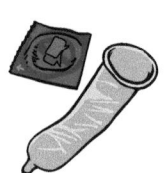

прэзерватыў

kondom

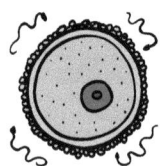

яйцаклетка

sel telur

сперма

sperma

цяжарнасць

kehamilan

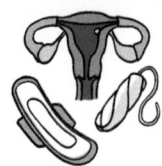

менструацыя

menstruasi

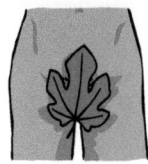

похва

vagina

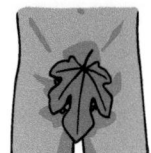

пеніс

penis

брыво

alis

валасы

rambut

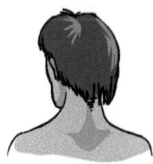

шыя

leher

шпіталь

rumah sakit

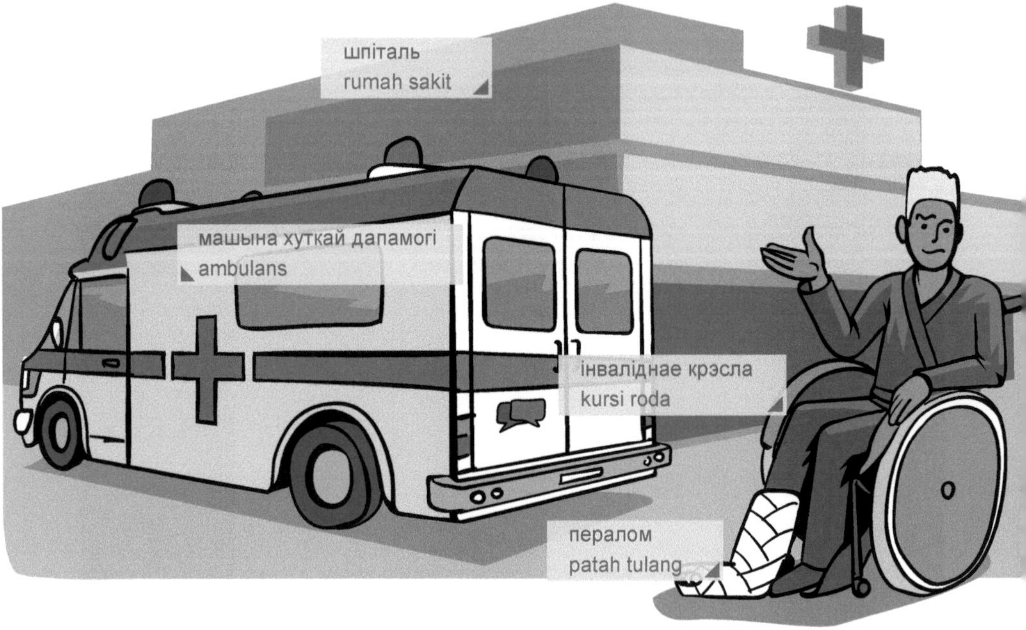

шпіталь
rumah sakit
машына хуткай дапамогі
ambulans
інваліднае крэсла
kursi roda
пералом
patah tulang

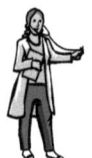

доктар

dokter

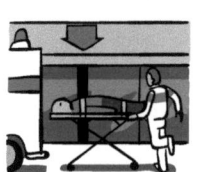

аддзяленне першай дапамогі

ruang darurat

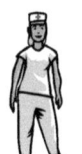

медсястра

perawat

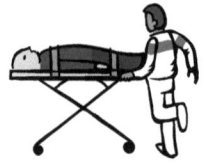

экстраная дапамога

darurat

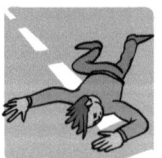

непрытомны

semaput

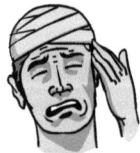

боль

sakit

траўма

cedera

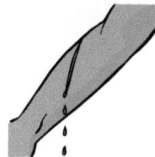

крывацёк

perdarahan

інфаркт

serangan jantung

апаплексія

stroke

алергія

alergi

кашаль

batuk

гарачка

demam

грып

flu

панос

diare

галаўны боль

sakit kepala

рак

kanker

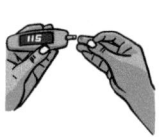

дыябет

diabetes

хірург

ahli bedah

скальпель

pisau bedah

аперацыя

operasi

КТ

CT

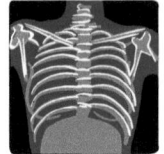

рэнтген

sinar x

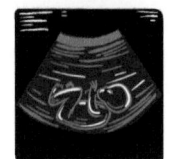

ультрагук

usg

маска

topeng

хвароба

penyakit

пачакальня

ruang tunggu

мыліца

penyokong

пластыр

plester

бінт

perban

ін'екцыя

injeksi

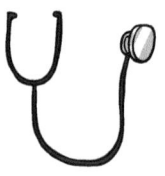

стэтаскоп

stetoskop

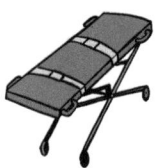

насілкі

usungan

градуснік

termometer klinis

нараджэнне

kelahiran

лішняя вага

kelebihan berat badan

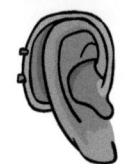

слухавы апарат

alat pendengar

дэзінфекцыйны сродак

desinfektan

інфекцыя

infeksi

вірус

virus

ВІЧ/СНІД

HIV / AIDS

лекі

obat

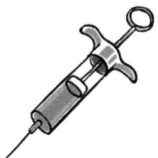

прышчэпка

vaksinasi

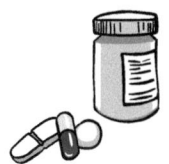

таблеткі

tablet

супрацьзачаткавая
таблетка

pil

экстраны выклік

panggilan darurat

танометр

ukur tekanan darah

хворы / здаровы

sakit / sehat

Ратуйце!

Tolong!

сігналізацыя

alarm

напад

penyerbuan

атака

serangan

небяспека

bahaya

аварыйны выхад

pintu darurat

Пажар!

Api!

вогнетушыцель

alat pemadam kebakaran

аварыя

kecelakaan

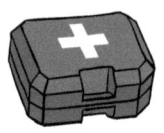

аптэчка

kit pertolongan pertama

СОС

SOS

паліцыя

polisi

Еўропа

Eropa

Паўночная Амерыка

Amerika Utara

Паўднёвая Амерыка

Amerika Selatan

Афрыка

Afrika

Азія

Asia

Аўстралія

Australi

Атлантычны акіян

Atlantik

Ціхі акіян

Pasifik

Індыйскі акіян

Samudra India

Паўднёвы ледавіты акіян

Samudra Antartika

Паўночны ледавіты акіян

Samudra Arktik

Паўночны полюс

kutub utara

Паўднёвы полюс

kutub selatan

Антарктыда

Antarktika

Зямля

bumi

краіна

tanah

мора

laut

востраў

pulau

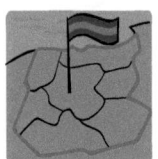

нацыя

bangsa

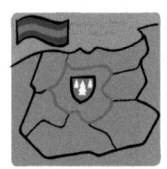

дзяржава

negara

цыферблат

jam wajah

гадзінная стрэлка

jarum pendek

хвілінная стрэлка

jarum menit

секундная стрэлка

jarum detik

Колькі часу?

Jam berapa?

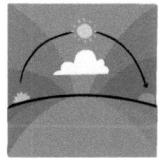

дзень

hari

час

waktu

зараз

sekarang

электронны гадзіннік

jam digital

хвіліна

menit

гадзіна

jam

тыдзень
minggu

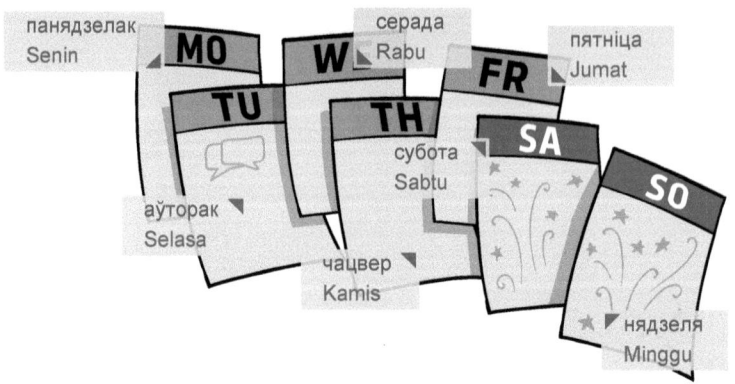

панядзелак
Senin

серада
Rabu

пятніца
Jumat

аўторак
Selasa

субота
Sabtu

чацвер
Kamis

нядзеля
Minggu

ўчора

kemaren

сёння

hari ini

заўтра

besok

раніца

pagi

абед

siang

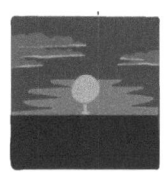

вечар

malam

працоўныя дні

hari kerja

выхадныя

akhir minggu

год

tahun

дождж
hujan
вясёлка
pelangi
вецер
angin
снег
salju
вясна
musim semi
восень
musim gugur
лета
musim panas
зіма
musim dingin

4.APRIL 11°
5.APRIL 4°
6.APRIL 13°
7.APRIL 8°
8.APRIL 10°

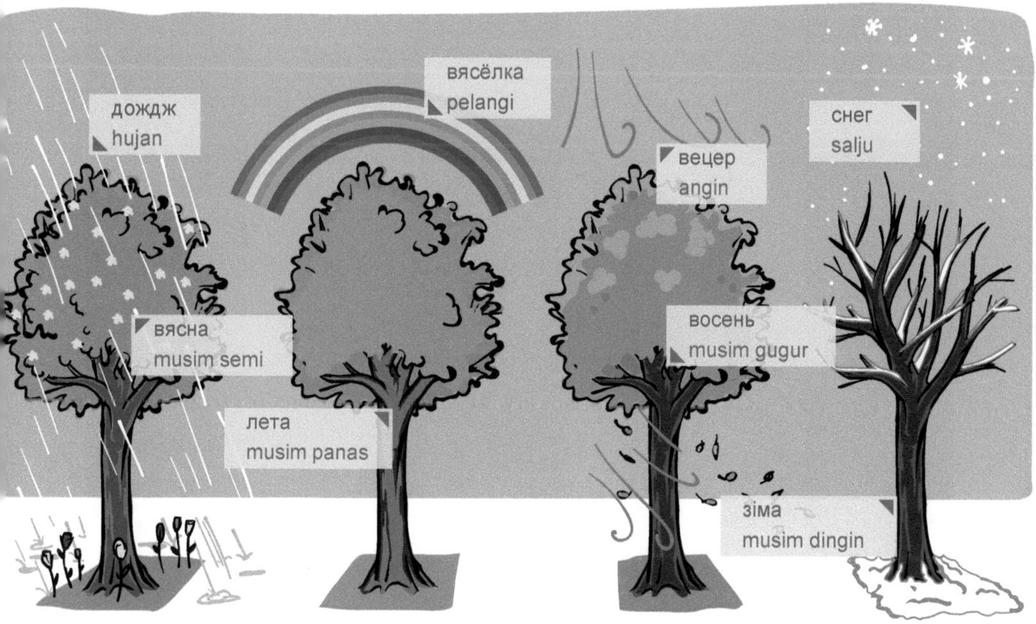

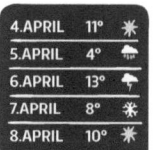

прагноз надвор'я

ramalan cuaca

F C
120 40
90 30
60 20
30 10
0 0
-30 -10
-20

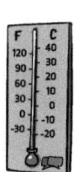

градуснік

termometer

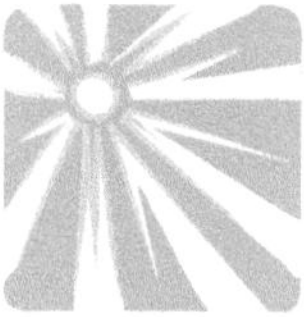

сонечнае святло

matahari

воблака

awan

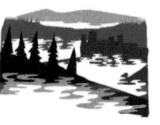

туман

kabut

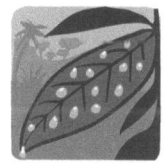

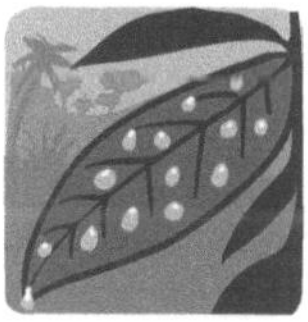

вільготнасць паветра

kelembahan

маланка

kilat

гром

guntur

бура

badai

град

hujan es

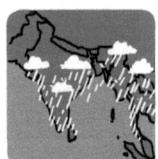

мусонны вецер

monsun

прыліў

banjir

лёд

es

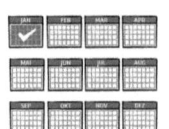

студзень

Januari

люты

Februari

сакавік

Maret

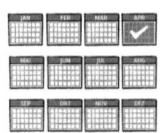

красавік

April

май

Mei

чэрвень

Juni

ліпень

Juli

жнівень

Agustus

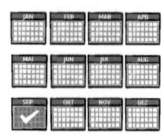

верасень
....
September

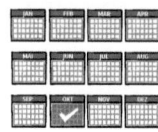

кастрычнік
....
Oktober

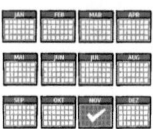

лістапад
....
November

снежань
....
Desember

круг
....
lingkaran

квадрат
....
persegi

прамавугольнік
....
persegi panjang

трохвугольнік
....
segi tiga

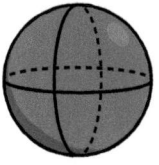

шар
....
bola

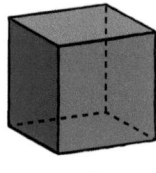

куб
....
kubus

белы
....
putih

жоўты
....
kuning

аранжавы
....
oranye

ружовы
....
pink

чырвоны
....
merah

фіялетавы
....
ungu

сіні
....
biru

зялёны
....
hijau

карычневы
....
coklat

шэры
....
abu-abu

чорны
....
hitam

шмат / мала

banyak / sedikit

злы / добры

marah / tenang

прыгожы / брыдкі

cantik / jelek

пачатак / канец

mulaih / selesai

высокі / малы

besar / kecil

светлы / цёмны

terang / gelap

сястра / брат

saudara laki-laki / saudara perempuan

чысты / брудны

bersih / kotor

поўны / няпоўны

lengkap / tidak lengkap

дзень / ноч

hari / malam

мёртвы / жывы

matl / hldup

шырокі / вузкі

luas / sempit

ядомы / неядомы

dapat dimakan / tidak dapat dimakan

злы / добры

jahat / baik

узбуджаны / нудны

bersemangat / bosan

тоўсты / тонкі

gemuk / kurus

першы / апошні

pertama / terakhir

сябар / вораг

teman / musuh

поўны / пусты

penuh / kosong

цвёрды / мяккі

keras / lembut

важкі / лёгкі

berat / enteng

голад / смага

lapar / haus

хворы / здаровы

sakit / sehat

нелегальны / легальны

ilegal / legal

разумны / дурны

cerdas / bodoh

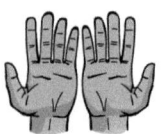

левы / правы

kiri / kanan

побач / далёка

dekat / jauh

новы / былы ва ўжыванні
....
baru / bekas

нічога / нешта
....
tidak ada apapun / sesuatu

стары / малады
....
tua / muda

укл / выкл
....
nyala / mati

адчынены / зачынены
....
buka / tutup

ціхі / гучны
....
tenang / keras

багаты / бедны
....
kaya / miskin

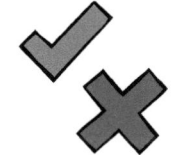

правільна / няправільна
....
benar / salah

шурпаты / гладкі
....
kasar / halus

сумны / шчаслівы
....
sedih / gembira

кароткі / доўгі
....
pendek / panjang

павольны / хуткі
....
pelan-pelan / cepat

вільготны / сухі
....
basah / kering

цёплы / халаднаваты
....
hangat / sejuk

вайна / мір
....
perang / damai

0	**1**	**2**
нуль	адзін	два
nol	satu	dua

3	**4**	**5**
тры	чатыры	пяць
tiga	empat	lima

6	**7**	**8**
шэсць	сем	восем
enam	tujuh	delapan

9	**10**	**11**
дзевяць	дзесяць	адзінаццаць
sembilan	sepuluh	sebelas

12

дванаццаць

duabelas

13

трынаццаць

tigabelas

14

чатырнаццаць

empatbelas

15

пятнаццаць

limabelas

16

шаснаццаць

enambelas

17

сямнаццаць

tujuhbelas

18

васямнаццаць

delapanbelas

19

дзевятнаццаць

sembilanbelas

20

дваццаць

duapuluh

100

сто

seratus

1.000

тысяча

seribu

1.000.000

мільён

juta

англійская

Inggris

англійская (Амерыка)

bahasa Inggris Amerika

кітайская мандарынская

bahasa Cina Mandarin

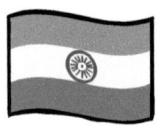

хіндзі

bahasa Hindi

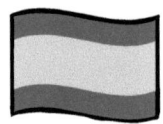

іспанская

bahasa Spanyol

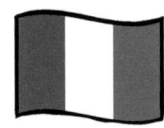

французская

bahasa Perancis

арабская

bahasa Arab

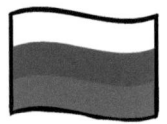

руская

bahasa Rusia

партугальская

bahasa Portugis

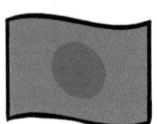

бенгальская

bahasa Bengal

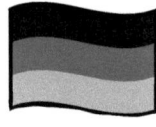

нямецкая

bahasa Jerman

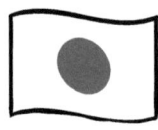

японская

bahasa Jepang

я

saya

ты

kamu

ён / яна / яно

dia

мы

kita

вы

kalian

яны

mereka

хто?

siapa?

што?

apa?

як?

begaimana?

дзе?

dimana?

калі?

kapan?

імя

nama

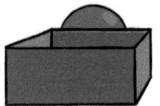

за

dibelakang

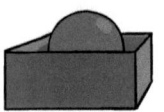

у

di

перад

didepan

над

diatas

на

diatas

пад

dibawah

каля

sebelah

паміж

di antara

месца

tempat